LUSTRE DE CARNE

lustre de carne

RENATA FLÁVIA

MOINHOS

edição: camila araujo & nathan matos
revisão: literaturabr editorial
diagramação e projeto gráfico: literaturabr editorial
capa: renata flávia & sérgio ricardo

nesta edição, respeitou-se o novo
acordo ortográfico da língua portuguesa.

Dados Internacionais de Catalogação na Publicação (CIP) de acordo com ISBD

F589l
Flávia, Renata
Lustre de carne / Renata Flávia. - Belo Horizonte, MG : Moinhos, 2019.
108 p. ; 14cm x 21cm.
ISBN: 978-85-45557-88-3
1. Literatura brasileira. 2. Poesia. I. Flávia, Renata. II. Título.

2019-462

CDD 869.1
CDU 821.134.3(81)-1

Elaborado por Vagner Rodolfo da Silva — CRB-8/9410

Índice para catálogo sistemático:
1. Literatura brasileira : Poesia 869.1
2. Literatura brasileira : Poesia 821.134.3(81)-1

editoramoinhos.com.br
contato@editoramoinhos.com.br

Apresentação

Era um blog, um exercício, um desabafo, vida, literatura, música, uma montanha de coisas amontoadas, assim o Lustre de Carne nasceu em 2007.

Eu construí o Lustre de dentro de uma sala entulhada de coisas que deviam ser descartadas e junto de outras que eu valorizava. Ali tinha o computador, discos, fitas, CDs, livros dos meus pais, uma estante do chão ao teto com tanto papel e treco que entortava um pouco; eletros para consertar, poeira, tapete velho, poltrona velha, vitrais em duas portas que davam pra uma sacadinha de princesa — mesmo sem ter um andar, plantas lá fora, luz amarela e o lustre laranja tipo um abacaxi sem coroa que pende uma afiada ponta ameaçadora. Eu amo esse lugar.

Eu deitada embaixo do lustre sempre pensando que ele pudesse despencar. Meu corpo ali inerte e vulnerável a tudo. É com carne que escrevo, não consigo arrumar isso às vezes, porque escorre e sinceramente acredito na falha, acredito nela, no sentido de ter fé na falha e é somente por isso que tenho vontade de publicar.

Não acaba a construção de uma escrita, não há tempo suficiente para acharmos a medida certa, é como eu penso. Então aqui vai meu amontoado, litros de antiguidades, dois dedos de novidades e um horizonte.

Entre textos proseados e os versos, caminho nessa cidade que sempre foi minha paisagem, imersa demais nesse meu descobrir. Era confundindo que eu me localizava, fosse no pensamento, fosse nas praças. Tentei criar uma lógica nesse caminho, mas deixei que se fizessem cortes e espasmos assim como era o Lustre como um diário, como os dias: uma busca.

março,dois mil e dezenove
ao sul de Teresina

Renata Flávia

eu te deixo a cinza do momento em que te coloquei via globo ocular dentro do meu corpo. eu te deixo o minuto exato em que descobri que correr na chuva molha mais que simplesmente andar com ela. deixo meu legado de amores perdidos, as dores, meu passado e seu peso, meu passado e suas glórias, meu passado e o que não passa. te deixo a fruta esquecida na geladeira – aquelas que se escondem no fundo das gavetas. te deixo o instante em que a saudade doeu na ponta dos meus dedos, aquelas tardes frias em que me embrulhava em lágrimas pensando como pude partir. te deixo meus recados nas secretárias eletrônicas, meus poemas em guardanapos, meus sonhos em pedaços de papel. eu te deixo meu tesouro guardado em caixas de sapato, minhas cartas não enviadas, meus segredos improváveis e o que disse, em silêncio, no escuro do quarto. deixo meu cheiro na tua casa, para que decida o que fazer com o resto de mim. te deixo meus livros rabiscados, usados, grifados nas frases que sonhei em dizer para alguém e também para ti. guardo em teu poder meus pequenos desejos não realizados, meus extratos bancários, a chave da porta da casa que um dia foi nossa, deixo nas tuas mãos as marcas que deixei nela, em suas portas, em suas janelas. a sujeira das paredes, a tinta descascada e suas histórias. eu te deixo o amassado do lençol, a marca da minha cabeça na almofada, o lado mais fundo da cama, meu pijama, todas as minhas calças. te deixo parte do medo, para que penses antes de fazer, deixo a pressa, as frases repetidas, minhas músicas favoritas. te deixo todas as melodias que guardei. é para ti que dou os fios dos cabelos que ficaram no pente, no chão, na cama. eu te deixo tudo para que fique comigo assim por todos os cantos que olhares, iluminados com um lustre feito com a minha carne.

qualquer visão te sugará

1.

sonhos devaneios
de cada ano acumulados na mesma couraça,
tempos intermináveis de espera
se transformaram em espinhos
que afiados novamente me espetam
é que eu sempre vivi meio passado e meio futuro
– o agora sempre curto –
acúmulos,
preciso ser interminável

2.

tem poucas coisas que consigo me lembrar tão bem
consigo cheirar a dor daquela tarde seca
eu escrevia para você
e adivinhava o silêncio
como resposta
sinto a pontada
o medo
as mão geladas
a dor fotografa, paralisa pra sempre aquilo
eu tive certezas claras na mão
como água eu dizia

como água

eu escorria

3.

oca
impermanente é a existência
as pernas nada carregam
move-se sobre escombros
um corpo é cicatriz
oca
na amplitude desaparecida
doa-se e fica a míngua
vazia e assim
oca
movimentos em vão

4.

temo os objetos que tens nas mãos
os imagino barcos
te levam te levam
pra lá pra lá pra lá
não bate contra as ondas assim,
por favor
você rema pra longe
seus olhos, seus dedos
eu noto com medo
pra lá pra lá pra lá

5.

às vezes eu abro um livro
aleatória
buscando alguma redenção
uma resposta
minha poesia não vai salvar ninguém
por mais que todas as dedicatórias
estejam escritas
nem essa, nem ninguém
esses livros não me salvam
eu imploro
abro três, quatro
não me salvam
gritam amontoados
– ache a resposta sozinha
e eu vago em linhas
pensando que o poema
nos salvará um dia
não vai
ache a resposta sozinha

6.

a cabeceira da cama guarda triturados pesadelos
partículas cosmo de sonhos que finjo esquecer,
você seguraria meus braços quando estremeço?
eu não tenho o limite marcado,
de areia turva são feitas as extremidades,
o que habita longe de quando estou acordada
quase sempre fica disperso na realidade

7.

encarar
com o pouco que se tem
a sede

8.

desconfio que há na falha
a perfeita exuberância
uma força muito mais corajosa
que a graça lisa de uma certeza
a falha, esta fera
indomável por natureza
doma meus poemas
tanto quanto
doma minhas pernas
desconfio que está nela
a nossa original beleza

9.

tenho prateleiras lotadas de você
não consigo concluir um só exemplar
me perdi nos começos
desfigurei os meios
para que não doa tanto
quando o fim chegar

10.

corpo de areia
de pedra pés

11.

invisível
porém
assoviável
atravesso assim os bares
a educação dos homens foi feita apenas para dar a homens
a educação das mulheres faz fingir não ver isso
eu aceno para o nada
mantenho a calma
respiro
por pouco
não vou pelos ares
meu cansaço espalhado na cara dando bom dia
meu cansaço desarmado é uma ótima vítima
você não me vê
sente-se à vontade
admito
quase nada
em busca de paz
seu senso de humor invasivo me agredindo de graça
seu senso de humor realmente incrível farsa
não entendo nada
volto a mim
invisível

12.

como pode ser difícil respirar?
cair dentro de mim
é repetitivo
a todo momento que puxo o ar
uma ventania desarruma
cada canto das minhas costelas
estou à beira de mim mesma
ao mesmo tempo
sou raiz, sou falésia e queda
ponho todo ar fora
e temo já ter caído
refaço o mesmo caminho
segundo a segundo
respiro abismos

13.

das mãos que seguram o mundo

caminhar com as próprias pernas
mesmo carregando tanta gente nas costas
ser dura na queda
quando é acusada de sensibilidade exposta
assoprar deles todas as feridas
mesmo com a própria pele em carne viva
manter a linha
quando tudo é buraco e trilha
sustentar ele, sustentar ela, sustentar todos
mesmo não sabendo mais onde se está
segurar a mão do outro
sabendo que esse vai largar
ainda só
ainda sem se olhar
manter os olhos firmes
em um horizonte
difícil de chegar

14.

eu morri junto com cada verso
acabei, perdi o controle das rimas
transformei o fogo em ácido
a fúria em rotina
fiquei velha como o medo

15.

não sou dócil
não me criei entre o agrado e o silêncio
do contrário
minha casa sempre fez muito barulho
eu estive observando
– olhos táteis de poeta
mais tempo revirando
não em busca
mas em dúvida
onde rompe-se a verdade?
como montar essa paisagem
falsa
quando resolveram esconder todos de si?
eu vasculhei cada palavra
nenhuma soube
te repetir

16.

aberto os olhos: tudo é branco e vazio. não tenho a mente ocupada, não tenho planos. sou o retrato fiel de *godsavethequeen*. frito o futuro neste quarto branco, sem móveis, sem janelas, entre minhas roupas também brancas, frito o futuro do qual desconheço. sobe um cheiro forte de vazio. um ponto gosmento em uma folha de papel e a ameaça das bordas que tocam cor e o mundo. estou no centro deste papel. estou sentada. não consigo completar as frases e permaneço no olhar branco deste quarto, cismando em não me perder, cismando em esperar. não devo esperar, a voz que mora no meu coração me disse isso. não devo deixar. essa voz diz várias coisas. no meio do vazio busco a voz, as mãos o corpo, às vezes encontro e posso ver finalmente paz nesse todo branco. às vezes não acho. culpa minha procurar. não devo procurar. o branco é meu, só eu posso desmontar, achar as bordas e trazer o mundo de volta. de volta porque acho que isso tudo já esteve aqui, tudo. agora preciso entender como sair desse quarto. ainda estou sentada, bem no centro. teimo em fritar o futuro que não entendo. sou *no future* demais. *são coisas da idade* – frase emprestada. então eu espero,mas eu não devo esperar. fecho os olhos pra mudar a cor ao redor. pretendo voltar a dormir meio dia por dia. assim o branco vira só metade e posso talvez contornar.

17.

eu tenho uma eternidade no peito
uns cacos bonitos que voam com o vento
alguns flutuam teus olhos
exprimem teu corpo
te abraço eternidade
te guardo no meu rosto
nos meus braços
te carrego com carinho
acariciando horas
te desejando paciência
em cada caco
cada brilho
por todo meu peito

18.

queima brota faz nascer
de dentro pra fora
move dança
o corpo faz aparecer
eu estive seca por muito tempo
o buraco formou-se no meu peito
escuro engolidor de tudo
era essa falta da chama
do calor de mim mesma
aqui pelas minhas mãos
cada palavra caída é faísca
que povoa minha intuição

19.

dos olhos do meu amor vem qualquer coisa como algodão
fios macios me contornando as curvas
me deixando maluca
coração na mão

teus olhos parados em mim, além-retas
além-métrica
me faz maior
me faz eterna

destes olhos vem a glória do dia,
[a vontade de eternidade
entre o abraço e o silêncio
fica suspensa
toda cidade

20.

meus passos voaram junto dos teus,
agora me estraçalho em busca de um chão mais meu

21.

é caco tudo
estilhaços de mim
na tua voz sádica.

preciso olhar o espelho pelo outro lado

22.

só existo enquanto escrevo
não posso me livrar disso
preciso que você se prepare então
coloque uma boa dose de calma
quando abrir meus cadernos
não me leia como quem decodifica termos
me veja
essas palavras são
a única fotografia verdadeira de mim
estou nua agora
bem na sua frente
na frente de todos
minha crua carne exposta de amor

23.

das lágrimas de fogo que desceram, só restou cinza.
e essa fumaça anuviando os olhos já cansados de olhar.

24.

te escrevo entre meus olhos fechados
refaço mil poemas entre meu primeiro sono
[e os pensamentos reais
encosto minha cabeça em um travesseiro de mãos
para que segurem as frases que te dedico
durmo leve entre poemas
que não duram mais que o começo de uma madrugada
e, então, caem em abismos desconhecidos
dos quais nunca consegui entrar
perdida em mim, olhos profundos em sonhos
vários pensamentos a me rondar
assim poemas e textos, pedaços meus
que eu queria poder escrever sem acordar

25.

comendo teu resto que ficou grudado no piso
cuspindo no hálito que fica
amassado no ar
depois de ti
depois de tudo
estou distribuindo alegrias encaixotadas
a todos mendigos de atenção
sendo banida todo dia
da tua mão
da tua cozinha
o som sujo, notas simples demais
pra um dia de erudição
a casa vai ficando vazia
teto frio
parede caída
minha pele no teu olho
aperta a lágrima
espreme brilho, mas não acerta
erra o alvo
a medida correta
estou pisando nos dedos indicadores
estou te tirando todas as direções
só pra não desacelerar o batimento
mantendo o ritmo, o *riff*

meu corpo todo encosta

26.

bonsai

traz no silêncio o elo com o todo
e desafia com ternura as pobrezas humanas
somos tão distantes ainda
das minhas mãos se alimenta
mas é mais forte, mais indecifrável
tomas todo o tempo
com uma paciência de espera antiga
– não antecipas qualquer movimento
és pra mim o segredo que me tornará
mais bicho que gente

27.

sou interminavél
nada acaba dentro
acumula-se cada momento
instantes mínimos
não encontram fim

sentimentos inimigos
convivem feito vizinhos
pois tudo que entra fica
tudo que corta, amola
sorriso permanece finco
guardo eternidades
em milímetros

é que não fui treinada com pontos
tudo vírgula e sonho
convivem: aconchego, assombro
raiva, desejo
amor, desprezo
tudo confronto
meu coração bomba instalada
sempre deflagra

desértica

1.

sob a visão de de jiří kolář

eram pássaros teus braços
e eu me perguntava
sobre o arranha-céu erguido na sala
e sobre o quê um homem quieto sonha
há uma guerra dentro desse corpo
te abri alguns buracos, delicadamente
pontinha de tesoura de unha
e submergi teus vazios com meu retrato

2.

lembro de um lugar
praça pedro II à noite
o cheiro forte das plantas velhas, dói
há alguma solidão escondida entre as pedras dessa praça
corações guardados, no centro do seu círculo mágico
rodeado de amantes fantasmas

3.

silêncio
eu preciso te olhar
não se movimente bruscamente
eu preciso

preciso parar
um ou dois momentos
coletar de ti todas tuas palavras
que me despiram uma vez
deslizar tuas entrelinhas

dedos gigantes me atravessando

4.

carregue-me em seu campo de visão
plante-me qualquer calma
são tempos insones
todos os sentimentos acordaram juntos
e de repente não consigo definir
toda palavra lançada parece conter uma infinidade de pesos e penas
uma grande balsa encalhou no meu olho,
esforço-me para ver
são só frestas às vezes distantes
não sei o que quero, não sei

5.

minha estrada está nessa pele
que te contorna

fica
quieto no meu pensamento
para que eu consiga te tocar
com essas frases desesperadas por ti

meu amor reverso
desvendada penumbra de mim
trouxeste pro meu corpo
os mapas todos

6.

mais uma notícia vinda desse miolo.

algo corrói. algo indica: há uma fruta podre entre as costelas. é preciso uma cirurgia, então pelos olhos, pelos ouvidos, entram vários canos, alfinetes, tesouras, equipamentos cortantes dos hospitais e dos quais não me lembro o nome. minhas narinas tapadas em uma respiração demorada, difícil de achar. é preciso então estar preparada para a operação de mim mesma. onde coloquei as frutas boas? onde estará meu coração? entre essas frutas doces? queria entender como remontar meus pedaços depois disso. como arrancar algo que mesmo podre ainda é parte de mim? quero começar sem desprezar o que descobri até aqui.

avanço a galopes um pé depois da pata. bicho, animal atordoado distante de seu habitat.

7.

não sei quem somos
nossos rumos, naus náufragas
estavam a muitas derivas de nós
quis esticar o braço
segurar teu perfume
os retratos
mais caía um a um
nossos segredos lavados nas águas
agora
parecem chorar encharcados
minha paz
perdida
bem no fundo
conchas, algas

8.

não vai ter tempo suficiente pra que eu diga. sinto que se esgota uma possibilidade de vida enorme no segundo que tento matar isso. ou você pôs a mão quente bem em cima da ferida ou você só é a ponta afiada que a faz viva. dúvida de qual será a saída. se ela há. se você é ácido ou penicilina. tenho os dias entrecortados por lapsos que dia a dia você deposita de baixo da minha língua. tenho tremedeiras a cada vazio que percebo que você caberia ou é febre e deliro no sonho mais arriscado em que corro e não sei se perco ou se acho.
cansaço.
cansaço.
eu juro que eu queria e não faço. juro que faço e não queria. juro que seu braço parece um horizonte. uma linha. outro caminho, outra boa mentira.

9.

é fundamental não acariciar os possíveis bombardeios
cabe entre os dedos da minha mão
minha falta de tato com as medidas
metade de si deseja solidão
metade, outra, multidão
partida, aberta
coração exposto
pareço pesar nos dois lados da balança o mesmo oco
perdida entre minhas costelas
sigo fazendo curvas
em uma estrada em linha reta

10.

você me vê? eu não consigo ir além disso, essa é a maior parte de mim. sabe iceberg? é a ponta, os meus olhos, esse corpo, as curvas. o que eu escrevo fica no fundo, é tudo, a maior parte de mim. fica e decifra. é preciso querer desvendar o selvagem de uma mulher pra poder ficar. você vê? é assim que se pega com duas mãos um caos brilhante que eu guardei, mergulhando fundo, dedicando cada braçada para desvendar esse mistério. águas águas que podem endurecer.

11.

era monolítico o som da tua voz
vinda de tão longe
eu procurava nos cantos das palavras
aquela destruição que você causou,
a macia dor,
fiquei escavando cada silêncio
os milésimos suspiros
me perguntando
para onde vão os amores antigos?
e cada cor foi virando outra
despercebemos
transmutando como alquimistas
o amor e o tempo,
as vontades perdidas
em suaves tormentos
tudo desfeito
em sua boca me anoitecendo

12.

casa alagada de silêncio
o corpo desafiando sua saúde
fácil se deixar levar
o ar seco
o calor
todo suor leva ao chão
minha fuga é uivar

13.

andei pelo corredor esotérico, poesia brasileira, literatura estrangeira, culinária, cataria de cada estante algum caco pra tentar colar esse corpo, mas não há essa possibilidade. dedo riste apontado nas lombadas dos livros e o peito destroçado apontado pro vazio. uma cadeira seca, um almoço estragado, quilômetros de mim percorridos entre a sala e o quarto. eram sinais: as agendas, a música na tv, a falta do comprimido, eram sinais de que havia algo a fazer. nada fiz. o mundo fechou-se. o cachorro parou de latir. no fundo, dentro dos espaços fechados da casa, só havia uma tentativa inútil de existir. unhas pintadas, vendaval, duas garrafas, caíram três pingos e o céu abriu. meu corpo, notas perversas, mensagens eletrônicas. fechar os olhos e resistir.

14.

há algo dentro não captado nos exames
um profundo e obscuro buraco que os médicos nunca percebem
há esse ponto infinito como céu dentro de céu
e nunca se alcança o outro lado
dispara feito arma, no osso, entre costelas
é forte, estraçalha
há algo que se espalha feito gás, feito enchente
me inunda, cada passo me ameaça

15.

nunca fiquei tão sem voz, abro a boca, mas não consigo fazer que saia o que adivinho, o que vejo. nunca a gramática me pareceu tão pobre, tão limitada. eu que sou essa palavra que falta, jamais conseguirei andar em paz com este segredo. eu que sinto tudo isso sem nome, coisa não inventada, nem batizada, não consigo saber o que atraio. coisificada disso que sou e não encontro limites, nem sinônimos. sei que navego nisso e me estendo e me misturo e aos poucos parece alguma coisa que corre, mas que também cai, e é líquido em grande quantidade porque arrasa, porque é moldável, destruidora. isso que me atropela por dentro e grita o que sou. palavra não nascida, jamais pensada. esse pedaço parecido com chuva, mas que queima. líquido que queima, não suporta, que chama, implora ao mesmo tempo que devasta. não sou minha. não posso ter o que não tem nome, molde ou significado. navego nisso. evito qualquer tipo de escolhas, evito ter que obrigar minhas mãos a desenhar um retrato meu, evito. naufrago constantemente e volto e voo emergindo de mim, como o tempo que se desdobra sobre si mesmo naqueles dias quentes que não se tem nada o que fazer. minhas palavras se perderam, não sei como me comportar desde que soube este segredo, me limito a voz cansada e a falta constante de assunto, me limito em não ser nada para não contradizer essa palavra não-inventada que me define. não me perco, porque nunca sei onde estou, nem mesmo se está aqui isso que não identifico, ao acaso me lanço nesta aventura e carrego a vida como um sonho destes que se tem consciência que se está sonhando. carrego sem nome e me estranho.

16.

tudo dobra
triplica
em um peito que se multiplica
quem sabe haverá mais vida

17.

então você toca os cabelos de leve, como quem tem medo de desequilibrar a natureza, como quem tem medo de intervir no que já está percorrendo. de leve, longe de qualquer susto. e me abre os olhos, me joga rápido em um abismo de flor encardido de sangue antigo, de antigas dores, de viscoso brilho. me joga porta adentro me prende em amarras de fios de cílios longos e macios. me amarra em seus holofotes de quem quer eternidade. holofotes de quem quer rápido eternidade longuíssima. logo me encosta me atira precipício escorregadio da pele, mas não me aguenta. então me abre pétala, me abre seiva, esmaga âmago, colhe, bem antes da hora certa, bem antes do céu certo, bem antes daquela iluminação das cinco. então eu me cubro ostra. me cubro escama, carcaça de barata, nojenta, mas leve. me cubro de você. me cubro de longe. entre amarelo e laranja. me cubro de fim. me cubro de dia. me cubro abismo precipitando uma nova caída.

18.

do chão
passeio

entre nuvens

19.

entre o teu céu e o meu, um abismo inteiro se contorce. um abismo inteiro se comprime e se expande ao mesmo tempo, assim como se doesse, como se pulsasse de maneira ofegante. cansaço no país dos rebeldes. e tudo ficou morno, sem gosto, sem invenção. silêncio na sala do poeta. nenhuma bomba deflagrada enquanto os grandalhões dormiam. é tudo muito duro, muito farto, fácil de aborrecer. então foge. se manda, se perde, deixa tudo pra trás e anda como quem nasceu grande. como quem nasceu agora. como quem nem nasceu só começou a existir do nada assim como o mundo, como tudo. como um deus qualquer dono de um poder específico. dono de uma cidade que não quer. então se manda que é melhor. cancela os compromissos. cancela o almoço, a janta, o café. cancela esse tormento de saber o dia de amanhã exatamente como vai ser, de saber o depois de amanhã exatamente como foi ontem. cancela o discurso. cancela a bomba também. já não há mais ouvidos, já não há mais pele. foge daqui desse corpo que não te obedece. entre o caminho e aqui existe um abismo florido que te recebe. eu grito: eu vou. eu não fico. eu não suporto o teu dia, teu compromisso. então corre, então foge e de novo e de novo até o poeta deixar de ser morno, até a imagem cansada ser deflagrada em bomba em canto em cinema reinventado num canto escuro de sala. eu me precipito. eu viro chuva. eu me precipício. eu caio. entre meu tormento e teu destino existe uma ponte nada planejada, um suor. uma tormenta que guarda no fundo aquela calma de amanhã sendo outro e sendo depois e sendo qualquer coisa que me jogue na tua cara.

20.

cabelos espalhados pelo chão
estou coletando canções de frio
esperando que um lustre
[parta meu pensamento em pedaços
que caia longe
que caia firme
e me deixe flutuar
tem notas por todo o lugar
flutuando melodias esquecidas
[por todos estas migalhas de tempo
estou aqui e você não pode ver
até onde meus cabelos se deitam
até onde se misturam aos resto jogados no vão
estou movendo peças no teto
desenhando você em música
montando peles e unhas
arranhando o chão
você não vê o que eu vejo
e flui longe, pra longe
dos meus cabelos

21.

e se eu cair?

se o parapeito da janela não me segurar e se destruir. talvez inaugure um outro tempo, sem corpo, sem amarras, e eu vire vento, daqueles que fazem barulho quando sopra. eu percorreria todas as praças empurrando a brincadeira corrida das crianças. eu iria bem de leve no seu quarto, entraria pelas telhas da sua casa que nunca foi forrada e sopraria baixinho as dores que fizeram minha janela despencar. eu visitaria teus cabelos bem cedo, bem antes das crianças, antes do sol esquentar. um vento sem chuva, sem anunciação de chuva, só aquele vento quente solto na tarde.

talvez eu caia.

eu só pressinto uma queda futura, aquela de quando você bater no meu movimento rotineiro e destruir tudo, fazer sua festa, sua destruição continuará a manter meus nervos inquietos. por enquanto melhor não fantasiar essa queda, melhor que o futuro fique pra depois e que eu passe por ele sem perceber sua diferença. talvez melhor, bem melhor outro dia, eu ria da sua rasteira, baby.

eu não caio.

permaneço imóvel com aquele sintoma de nunca mais mexer. aquele sintoma de quem acorda à tarde depois de ter dormido desde o almoço e essas tardes já têm cor renascentista, cor de quem cai. mas eu não caio. cai a tarde, caem meus movimentos, meus batimentos. na profunda calma. meus olhos fixam feito teias pelas paredes, fixam a força do meu corpo, é eles que prendem minhas pernas seguras, meu corpo tapeia a gravidade, imóvel. eu me cuido, me refaço e me guardo em meus próprios braços.

22.

e revirei em você
quanto tempo na sombra
afasta
deixa que meus dedos
agora sem câimbras
toquem o sol

depois de tanto tempo
quero trocar as roupas
e nada dizer
cortar os cabelos
e nada dizer
quero mudar o caminho
e nada dizer

torcer meus nervos
colher meus frutos
enfim e em mim
renascer

23.

à juliana no espelho

como quem desenha, ela penteia os cabelos antes de sair. olha fio a fio tão distante que parece que seus cabelos viram um grande caminho dançarino, que a leva a algum plano intocável por nós. ela desliza devagar e vai se perdendo de tudo ou talvez vá se achando em tudo, em um tudo desconhecido dos outros. um tudo tão dela que para os outros é simplesmente nada. sinto falta dela aqui. de quando tirando os embaraços dos cabelos parecia tão sua e tinha um conforto coletivo nisso, era bom de se vê uma pessoa se deslizar por fios de cabelo, deslizar por seus fios e por um certo tempo permanecer lá. tenho certeza que ainda penteia os cabelos e os coloca em forma de coque, bem devagar, enrolando seus sonhos, suas histórias, seus pensamentos, bem devagar.

24.

sussurros do chamado
sacodem minhas manhãs
é chegada a hora, querida
reinventar, respirar e mover

vem enfeitar os cabelos
encontrar o que acorda o peito
abrir as janelas
em flor vai tecer teus passos
é novo, é todo teu
um caminho feito
pelos teus próprios braços

25.

deslizar a caneta
mover as palavras
é como deslizar dedos
em meu corpo, mover fogo
excitar minhas garras

26.

peguei chuva bem depois das onze e o temporal continua lá fora derramando pedaços de sonhos frios. estou tremendo de novo. fica tudo silencioso agora, bem leve, tão leve que acumula um peso terrível sobre os meus ouvidos e não há nada que eu precise, sinta falta ou deseje. só esses mesmos passos esperando a próxima gotícula despencar no meu nariz. estou cheia de farpas me posicionando errado em todas as vias, pelos cantos de calçada, bandida que não faz barulho, espreita as próprias tentativas de fuga, espreita medos e permanece músculo contorcido, bailarina sob o caos, dança, baila entre corações partidos e objetos descartados. lixo beira meus olhos e escorre pelo pescoço me deixando mais além, além, além qualquer coisa daqui. quem sabe outro planeta, galáxias distantes antes de dormir, uma dose, um comprimido, digo adeus sem partir.

27.

arrancar a pele e encostá-la na tua
tentar ser isca, fisgar tudo
a paixão é um desmontar-se
[pra caber toda vida num segundo
o segundo do êxtase
da fúria desregrada da palavra
um rio correndo mundo a baixo, desesperado
arrastar todo meu corpo no teu
rasgar as duas peles ao mesmo tempo
para que fisgue e não escape
um instante antes de você desaparecer
toda couraça estremece úmida no canto acuada, lutando
criar uma nova isca, te devorar
pelo suor puro, novo segundo
recomeçar

28.

pelas ruas eu vejo as ruínas de memória
nos bancos da pedro II as marcas das eternas reformas
nas torres da igreja do amparo as marcas da derrota
da mistura deplorável de estilos
aos futurísticos projetos exibidos
vingança da modernidade contra a história
pelas ruas, pelos salões
projetos que destroem o canteiro central da frei serafim

projetos de distorções
destruindo memórias
atualizações, vazias melhoras

29.

eu abro todas as portas, você não sabe como é, eu faço mil pressentimentos, invento histórias e conversas. sinto que estou caindo novamente no mesmo abismo. você não virá. eu escuto as músicas certas, procuro o equilíbrio em um livro velho que carrego dentro da bolsa, esse me diz todas as manhãs que preciso me concentrar nas sensações para resolver tudo que envolve meu corpo e minha alma. estou tentando ser melhor a cada dia. estou com as portas abertas sem espadas nem escudos, tentando quebrar a guerra que tracei em algum momento. você não vê com os meus olhos de pele, meus olhos doentes e sedentos. você é cego dos meus olhos e eu cega dos seus. estou correndo no vento dispersa como folha seca, sem rumo, sem nada mais para oferecer.

30.

estou com o remo
puxando puxando
mas não saio do lugar
afundando afundando
naquelas divisões do sofá
uma tv longe me ancora
um móvel, um lustre
localiza o lugar
nem náufraga, nem a deriva
só uma mulher solitária, esquecida
na sala de estar

31.

teus olhos amanhecem na sombra dos meus cabelos

eu quero um pouco de luz saindo da tua boca na
madrugada fria
um pouco de clarão de fundo de coração saindo das
tuas feridas
quero lamber esses olhos que dormem zombando da
minha insônia
quero pôr nas minhas mãos tua cabeça que sonha.

32.

acordei de leve, abri pele por pele e descobri um sol nas minhas veias, esquentando tudo que pulsa nelas. e fez calor! tanto calor, como no tempo em que eu corria ruas em plena duas da tarde pra te encontrar. atravessava pontes, encruzilhadas e me vestia, me pintava só pra te recepcionar. eu te olhava de longe, me preparava pra chegar. as palavras, o cabelo. entre tantas plantas, entre bancos, beira de rio, beira de praça, beiradas de quem é todo zona sul, cheio de poesia entre os dedos, cheios de piadas engatilhadas na ponta do nariz. eu atravessava de manhã cedo, caindo de rua em rua na malícia de um mistério do teu silêncio, do teu concordar com os meus dentes. eu te admiro, miro minha lente no teu corpo, te abraço antes de cair e te levo junto, te beijo com força, com graça, com corpo todo, vários tipos de beijos lançados pra te convencer, que eu sou a casa agora e é aqui que você tem que morar.

33.

vejo teus olhos parados
inertes as palavras que derramo sob suas orelhas
sinto o peito se fechar, duro de doer
engulo seco na tentativa de cortar o falatório
sou eu aqui, abafada
pelo seu silêncio

34.

no horizonte do barulho
o silêncio
é um susto

leio a cidade em quiromancia

1.

cada passo construído em delírio
[nas calçadas desse bairro
na calada das tardes de feriados
estão agora flutuantes
[na nuvem pousada dentro do quarto

2.

praça saraiva

praça dos loucos por deus ou sexo
dos infames, dos clérigos
praça saraiva decaída
mantém viva almas estudantis que burlam aula
almas amáveis que namoram em jaulas
guardada entre grades impostas
entre grades que insultam
te agridem, te repulsam
praça saraiva dos loucos por deus
ou sexo

3.

comprei um garcia lorca, no mesmo lugar em que eu ouvi falar dele a primeira vez. a vida, meu querido, não se vive com medo. não há tempo pra isso. então aprende comigo a cair. um dia achamos o chão, ou talvez não, mas tudo é vida. vida basta. deixa eu encostar perto como a criança perdida que reencontrou a família. como se você fosse a paz personificada. tudo fica calmo, suave e mesmo a raiva que me dá, acalma. eu sei. é loucura. descontrole meu. explosão urbana. mas é com vida que eu aceito minha loucura, aceita também. viver é quebrar um pedacinho todo dia só pra ter o prazer de arrumar outro mais inteiro. de novo escrevo, nesse caderno inexistente. e eu te vejo tão bem daqui, entre teu cabelo e teu ombro, perdida num cheiro de conforto-abismo. é como se fosse a última costela, só de mentirinha, finge ser a última costela, que eu arranco,abraço, me mudo com bagagem e tudo e vou morar lá. onde não inventamos ainda. onde na verdade não tem o "inventamos", mas o "inventei", porque sou eu a louca achando que vida é só uma brincadeira teatral. dança comigo então, cai, deixa eu te arrastar um pouco meu, eu te dou uma costela sadia pra você morar. eu não espero realidade disso tudo que eu te consumo. eu deixo. um dia eu acho o chão. um dia eu me perco no cair e alço voo. eu amo por nada, "o amor é só o amor" como diz errico mala testa. eu te deixo uma costela.

4.

entre bancos sorri café art bar
as vontades da vista da praça
cheia de saudade do que não vimos
entre postes
entre hippies
sorri meu mais novo amor
rodeado dos antigos
restos e velhas construções
armações que o tempo preserva feito bibelôs
feito coração velho já amargo e frágil
com portas grandes e coisas sem valor
entre bancos, pedras, rochedos velhos
sorri meu novo amor

5.

o labirinto é meu
quem se perde
quem se acha
os muros são todos meus

eu abro as portas
e fecho os caminhos
eu faço ou desfaço
não é problema seu, meu bem
é tudo comigo
é onde eu coloco os segredos
e te deixo navegar
eu abro ou fecho
escondo meus sonhos
pra você encontrar

meu labirinto
meus medos
meus esconderijos
servem se você desvendar

6.

canteiro de obras, 2013

e a dança foi cancelada, o som desativado. a polícia não bateu mais na porta e a graça foi posta a baixo. desmantelaram o coração do centro. de todos os nervos de lembrança só restaram escombros, pé de manga, estacionamento. desinstalaram a poesia e o canteiro foi esvaziado e aos poucos as marretas terminaram na porrada os trabalhos. duros golpes a transformar em sucata o casarão antigo das nossas primeiras emboscadas – porrada! o coração do centro morto agoniza sua última morada. porrada.

7.

o café art bar rodeado de amores hippies,
[de amores chiques
na tontura dos olhos embriagados

bocas que pegam, lambem, bebem
empanturram ciladas de amor nos bares lotados

8.

a borda do copo circulando no meu dedo
maltratando minha boca
adormecendo medos

a borda desse copo é o esquecimento
o meu sossego
do lado de dentro

9.

praça rio branco

deus me renegando compreensão
com uma igreja de costas
para minha tórrida visão

de cara lavada de suor
como duas mãos
o sol imprensa meu estômago

eu inerte entre as luzes
que só ascendem quando paro
meu coração largado
meu coração

10.

tenho as mãos lotadas, cheias
vazando entre os dedos: ódio e querer
violência na minha espinha
estou cansada
eu sou fogo, desespero
o que não se pega
se joga, chuta, põe pra ferver
meu corpo delira no relógio da praça
aflito, aflito

11.

eu vejo deslizar de leve
a gota de suor entre os pelos do teu rosto
assisto teus passos longos
atravessarem a mesmice dessa cidade que ferve
te trago comigo, dentro do bolso
entre balas de revólveres
de filmes de bangbang que nunca assistimos
te trago comigo, tiros e sangue
escorrendo em uma vontade terrível de nossas mãos
gigante passeia cego e sem coração
retina intacta, vazia dos outros

12.

o amor se instalou
embaixo da ponte metálica
fugiu de todas as cores holofotes e estradas
disse ser contra o mirante, o elevador e a escada
preferiu ficar no velho esquecido
do que ter o peito partido
em bamba estaiada

13.

olho de vidro na mão.
eu te desenho assim meio escondida atrás da caixa preta. eu te desenho contraste, te desenho brilho, te desenho cor. te desenho pelo olho de vidro. te desenho pelo foco, pelo estribilho que toca por fora. eu te desenho rasga-pele, te desenho roupa velha, te desenho puro, leve. então eu me agacho, eu acho, eu me acho. sou zoom no teu pescoço. eu tiro o foco. eu tiro o foco. eu te sufoco até o osso. te desenho em branco em preto. às vezes sépia, bem amarelo pra relembrar. te desenho de perto e te esclareço as curvas, copio teus gestos pro eterno, te deixo mais perto. mesmo no futuro. eu te inauguro, obra minha, te seduzo mesmo sem rima, só com cor, só com desenho, só na sina. te desenho de longe, demoro pra achar teu olho, demoro, mas acho, te foco, te toco, de longe rimo teus modos. aproximo, aproximo, adianto, alcanço, afino. te decoro.

14.

prédios inteiros se erguem no céu da tua boca
uma cidade se cria
na poça de lama da avenida
a velocidade dos meus sonhos a atravessam
parte no meio o retrato da cidade diluída
pingos de amor deslizam na minha cara
milhões de pássaros povoam meu céu de boca

15.

Mário na sala com almofadas vermelhas

abre a janela quando acordar. milhões de quadros a la magritte eu pintei pra você se surpreender e sorrir. desenhei nas paredes poemas que contam nossos abraços, nossos corpos suando próximos. entre meus dedos passei óleos milenares para massagem e entre teus cabelos eu depositarei todo descanso que você precisar. eu fiz poemas sobre a cidade, redesenhei seu caos em profundo sentimento apressado, desenhei seus passos por ela e a cada esquina tem um abraço que eu guardei. deita, meu amor, nos lençóis que eu já amassei pra você cair entre as dobras, entre as curvas do meu corpo-cama.

16.

uma calma pousa sobre os ombros
não é nada
a idade atravessada na garganta
só o tempo gritando
lá soterrado
tudo bem, não é nada
toda loucura que facilmente era despertada
se multiplicou
em dúvida
que não abala
não corro
não conto cada movimento em desespero
já se foi
esse medo
não é nada

17.

a cidade inteira se abisma em ti
no teu jogo de cair
e me jogar em cima
corda bamba, pregador de roupa
pendurando, caindo, jogando
tua mania de temperar com suor
minha voz que é pouca
minha pele tão solta

canta alto nos postes cinzas e de luz
eu caio escura em ti

18.

estreamos entre cortinas de lençóis
um palco aberto no peito
éramos qualquer um
fomos além dos limites do cenário
cambaleando no medo
executamos brilhantemente a dança e o tiro do cavalo
driblamos delicadamente os objetos quebrados
inauguramos todo dia uma nova abertura
da dança do canto da covardia
esfaqueamos o travesseiro na guerra
fomos quase tudo o que se espera
para amanhecer no despertador
loucos atrasados
para mais um dia de trabalho

19.

é preciso fechar os olhos pra ver
[a cidade pela primeira vez
e em silêncio montar o decorrer dos anos
pelos olhares jogados nas calçadas
em cada movimento cego
sentir o cheiro que muda a cada passo vivo
nos teus cabelos de fuligem, nas tuas mãos soltas
na montanha de papel que voa
no extremo horizonte do centro
entre lojas, entre esgotos
amontoando o desejo do outro
juntando como nuvem a próxima memória
que cairá em gotas na geração que virá
e já será outra como já é nos olhos daquela senhora
e tudo será novo, cidade da minha história

setembro conta doze anos e de novo eu volto
te coloco encaixado no meu dia
um vento necessário para readoçar essa alma
um cometa pra queimar esse bolor cotidiano
lustre pendurado pronto pra partir minha cabeça
foi numa sala empoeirada e
[de vitrais coloridos que nasceu
foi ali no chão jogada
pedindo que arrancasse a carne e calasse as plantas
da sacada
que te fiz e nunca mais me perdi
mastro de navios encalhados
poeira de futuro
meu álcool solitário
um bam! no peito publicável
fica quando eu for

Sumário

Este livro foi composto em Museo Sans Cyril para a Editora Moinhos.
Era abril de 2019 e a Catedral de Notre Dame estava em chamas.